$F_{12} = F_{21}$
$F = G \frac{m_1 m_2}{r^2}$

NATIONAL GEOGRAPHIC KIDS

DIE MYTHENJÄGER

TEXTE VON
ALTEA VILLA

ILLUSTRATIONEN VON
SILVIA MAURI

INHALT

DU BEGINNST GERADE EIN GANZ BESONDERES BUCH!

HIER WIRST DU DIE GEHEIMNISSE FINDEN, UM EIN ECHTER **MYTHBUSTER**, D.H. EIN FAKE-NEWS-JÄGER ZU WERDEN!

Wirklich, niemand wird dich noch mit sensationellen, aber erfundenen Geschichten täuschen können: Mit vielen Beispielen zu den unterschiedlichsten Themen wirst du sehen, wie leicht man in das Netz der Lügengeschichten fallen kann. Aber mit ein paar einfachen Handgriffen wirst du zu einem geschickten Ermittler und nichts wird dir entgehen: Wenn Fake News schnell sind, bist du noch schneller!

ZIEH DEINEN ANTI-LÜGEN-ANZUG
UND DEINE SCHUTZBRILLE AN
UND MACH DICH BEREIT,
TEIL DES TEAMS ZU WERDEN!

MYTHBUSTERS COMPANY
LÄDT DICH EIN ZUM KURS:
AUSBILDUNG ZUM LÜGENJÄGER

NAME ____________________

DATUM ____________________

UNTERSCHRIFT ____________

WIE MAN DIESES BUCH BENUTZT

LESEN

Jeder Abschnitt, der durch das Symbol des Anführungszeichens gekennzeichnet ist, stellt eine Fake News, einen Gemeinplatz oder ein Missverständnis zu verschiedenen interessanten Themen vor.

ENTDECKEN

Du wirst die verschiedenen Nuancen kennenlernen, mit denen falsche Tatsachen verbreitet werden, bis sie zu echten Gewissheiten werden!

FRAGE:

HIER FINDEST DU IMMER EINE FRAGE, DIE DU DIR NACH DER LEKTÜRE DES ARTIKELS STELLEN KANNST!

Und hier findest du die Antwort auf die Frage, die dir helfen wird, Fake News zu entlarven und kritisches Denken zu entwickeln!

LERNEN DURCH PRÜFEN!

UNTERSUCHE DIE SCHWACHSTELLEN,
DIE EINE NACHRICHT WACKELIG MACHEN!
AUF DIESE WEISE ENTLARVST DU DEN SCHWINDEL!

SCHULUNG DES VERSTANDES

Tests, Quiz, ein echter Hindernisparcours zwischen Halbwahrheiten und eklatanten Lügen, die aufgedeckt werden müssen!

Und ein paar Seiten für Notizen zu deinen Jagderlebnissen!

NIEMALS UNACHTSAM SEIN!

DIE FAKE NEWS LAUERN IMMER UND ÜBERALL.

SAFARI-FLAUSEN

Wie viele Dinge werden über Tiere gesagt! Nachrichten, die wahr zu sein scheinen, es aber nicht sind: Nach und nach verbreiten sie sich so sehr, dass sie allgemein für wahr gehalten werden!

Stattdessen ist es besser, sich mit Geduld und viel Neugier zu wappnen: Wie auf einer Safari, wenn man darauf warten muss, dass ein Tier in seinem Lebensraum auftaucht, wartet ein Jäger, bis er die wahre Information gefunden hat.

HIER IST DIE
STRAUSS-TECHNIK

GEFÄHRLICHE SITUATION? MACH ES WIE DER STRAUSS!

Den Kopf gut versteckt in einem Loch im Boden: So meistert einer der größten Vögel der Welt die alltäglichen Gefahren eines Tages in der Savanne.

FRAGE:

STECKEN STRAUSSE AUS ANGST DEN KOPF IN DEN SAND?

NEIN! Wenn man einen Strauß mit dem Kopf in Bodennähe beobachtet, kann das verschiedene Gründe haben: Er sucht mit dem Schnabel nach Nahrung, z. B. nach Gras, oder er legt seine Eier in einer Grube ab.

Dies ist ein **GEMEINPLATZ**: Nachrichten, die so weit verbreitet sind, dass man sie für wahr hält, obwohl sie es nicht sind!

KROKODILS-TRÄNEN?

“ EINE SCHLECHTE MAHLZEIT

Während der Mahlzeit zeigen Krokodile echte Reue über die Beute, die sie verspeisen. Ihre Schnauze wird von den Tränen befeuchtet, die reichlich aus ihren Augen fließen.

WIRD DAS WOHL WAHR SEIN?

FRAGE:

WEINEN KROKODILE AUS GEWISSENSBISSEN?

NEIN! Diese Reptilien weinen oft, aber um die Augen sauber und feucht zu halten.

EIN ERWACHEN ...
MIT KAMM!

ECHTE NATÜRLICHE WECKER

Jeden Tag in der Morgendämmerung kündigt das Krähen des Hahns die Ankunft des Morgens an. Tatsächlich kräht jeder Hahn immer, sobald er die Sonne aufgehen sieht. Diese Vögel sind natürliche Wecker!

ABER WIRKLICH??

FRAGE:

KRÄHEN DIE HÄHNE NUR BEI SONNENAUFGANG?

NEIN! Der Hahn kräht jeden Tag in der Morgendämmerung, aber nicht als Reaktion auf den Lichtreiz. Wissenschaftliche Studien haben gezeigt, dass auch wenn Hähne keine Veränderung des Umgebungslichts wahrnehmen, sie trotzdem in der Morgendämmerung krähen: Es ist, als ob sie eine persönliche innere Uhr hätten, die ihnen sagt, zu welcher Tageszeit sie sich befinden. Außerdem können sie auch dann krähen, wenn sie gestört werden oder sich bedroht fühlen, unabhängig von der Uhrzeit!

KATZENBÄDER ... WIRKLICH GEFÄHRLICH!

“ PASST AUF DIE KATZEN AUF!

Niemals eine Katze baden: Sie könnte unkontrollierte und gefährliche Reaktionen zeigen! Das dichte Fell der Katze nass zu machen ist definitiv nicht empfehlenswert.

WIRD DAS WOHL WAHR SEIN?

FRAGE:

HASSEN KATZEN WASSER?

NEIN! Man kann zwar nicht sagen, dass Katzen es lieben, aber das Gegenteil ist auch nicht der Fall. Vielleicht aus Angst, ihren natürlichen Geruch zu überdecken, der für ihre Wiedererkennung nützlich ist, ziehen es diese Tiere vor, sich mit ihrer Zunge zu putzen. Außerdem tauchen ihre Cousins, Jaguare und Tiger, oft ins Wasser, sogar um zu jagen!

SEI SO SCHLAU
WIE EIN FUCHS!
WIRD DAS STIMMEN?

“ LASS DICH NIEMALS VON EINEM FUCHS TÄUSCHEN!

Füchse gehören zu den schlauesten Wildtieren der Welt und sind für ihre raffinierten Fähigkeiten bekannt.

FRAGE:

SIND FÜCHSE WIRKLICH SCHLAU?

NICHT WIRKLICH!

Man kann nicht mit Sicherheit sagen, dass sie gerissen sind, aber sie sind zweifellos intelligent. Ihre nächtliche Jagdmethode ist diskret und tödlich. Aber woher stammt dieser Glaube? Aus der Mythologie.

So faszinierend sie auch sein mögen, Mythen sind immer noch Geschichten, die auf Fantasie beruhen. In der japanischen, chinesischen und koreanischen Mythologie ist der Fuchs ein heiliges Tier, das gerissen und hinterlistig ist. Dasselbe gilt für die griechische Mythologie, in der der Fuchs so geschickt ist, dass er nie gefangen wird.

DIE FARBEN DES CHAMÄLEONS

DER KÖNIG DER TARNUNG

Kein Tier kann sich so gut in seiner Umgebung verstecken: Sein Ruf eilt ihm voraus! Das Chamäleon ist unübertroffen in der Verteidigung gegen Raubtiere.

ABER IST DAS WAHR?

FRAGE:

WECHSELT DAS CHAMÄLEON SEINE FARBE NUR, UM NICHT VON RAUBTIEREN BEMERKT ZU WERDEN?

NEIN! Bei Chamäleons wird der Pigmentwechsel auch zur Kommunikation zwischen verschiedenen Individuen oder bei Balzritualen eingesetzt. Aber es hängt auch von ihrem Gemütszustand und den Bedingungen der äußeren Umgebung ab.

DER LIEBLINGSSNACK DER MÄUSE!

FEINSCHMECKER-NAGETIERE!

Maus und Käse: eine gelungene Kombination! Diese Tiere können Milchprodukten nicht widerstehen, sie sind ganz verrückt danach, deshalb wird dieses Lebensmittel oft verwendet, um sie zu fangen.

FRAGE:

LIEBEN MÄUSE KÄSE?

NEIN! Wissenschaftliche Studien haben gezeigt, dass diese Nagetiere zuckerhaltige Lebensmittel bevorzugen. Milchprodukte, die viel Eiweiß enthalten, gehören also nicht zu ihren Favoriten. Woher stammt also dieses Klischee? Vielleicht durch die Tatsache, dass Käse vor Jahrhunderten an besser zugänglichen Orten gelagert wurde und im Vergleich zu Getreide, das in Scheunen eingeschlossen war, häufiger „angeknabbert“ wurde.

DER RUF DES WOLFES

„IN VOLLMONDNÄCHTEN KANN MAN SIE HEULEN HÖREN!

In Gebieten, in denen Wolfsrudel leben, ist ihr typischer Ruf nachts zu hören, wenn der Mond deutlich am Himmel zu sehen ist!

SIND WIR WIRKLICH SICHER?

FRAGE:

HEULEN WÖLFE DEN MOND AN?

NEIN! Wölfe heulen, um sich gegenseitig zu rufen: Dies ist eine echte Art der Kommunikation zwischen den Mitgliedern eines Rudels. Woher kommt also der Glaube, dass sie den Mond anheulen? Von der Tatsache, dass der Ruf dieser Tiere vor allem nachts zu hören ist. Schließlich ist der Wolf ein nächtlicher Jäger!

ANALYSIEREN WIR DIE NACHRICHTEN

PANIK IM ZOO

Am vergangenen Donnerstag erlebten die Besucher eines der bekanntesten zoologischen Parks Amerikas wahre Schreckensmomente: Einer der im Zoo lebenden Elefanten versuchte, aus seinem Gehege zu entkommen. Offenbar rannte der Dickhäuter ein paar Runden um den Innenhof und stürzte sich dann über die ihn umgebenden Mauern. Die Mitarbeiter des Zoos hatten Mühe, ihn zu beruhigen. Bei der Betrachtung der Kameraaufnahmen am nächsten Tag wurde der Grund für die Aufregung entdeckt. Eine winzige Feldmaus tauchte vor dem Elefanten auf, während er trank, und terrorisierte ihn. Nachdem sie so viel Aufregung verursacht hatte, versteckte sich die Maus und wurde nie wieder gesehen.

IST DIE NACHRICHT WAHR?

SUCHT IM TEXT NACH DEN FOLGENDEN INFORMATIONEN:

WIE HEISST DER ZOO,
IN DEM SICH DER VORFALL
EREIGNET HAT?

IST DAS GENAUE DATUM DES
EREIGNISSES ANGEGEBEN?

HABT IHR DIE
ANTWORTEN
AUF DIE FRAGEN
GEFUNDEN?

UND WENN DIE INFORMATIONEN NICHT ANGEGEBEN SIND ... ZWEIFLE!

ANALYSIEREN WIR DIE NACHRICHTEN

WIE DU VIELLEICHT BEMERKT HAST, ENTHÄLT DER ARTIKEL AUF DEN VORANGEGANGENEN SEITEN KEINE PRÄZISEN ODER ÜBERPRÜFBAREN INFORMATIONEN.

NUN WOLLEN WIR UNS DER GRUNDLEGENDEN FRAGE ZUWENDEN, OB DAS, WAS WIR GELESEN HABEN, WAHR IST ODER NICHT!

FRAGE:

ERSCHRECKEN NAGETIERE ELEFANTEN?

NEIN! Elefanten reagieren nicht gut auf plötzliche, abrupte Bewegungen, wie es viele tun, aber sie erschrecken sicher nicht vor so winzigen Lebewesen wie einer Maus.

ES WAR EINMAL ... DAS AMMENMÄRCHEN

Lügen? Vielleicht nur Fehlinformationen, die im Laufe der Jahre verbreitet wurden, bis sie zur Gewissheit wurden. Aber Gewissheiten sind – wie wir gut wissen - keine wertvollen Artefakte, die hinter Glasvitrinen aufbewahrt werden sollten! Neue Entdeckungen, Studien und Forschungen können auch das umstoßen, was immer als Wahrheit gegolten hat. Sogar in der Welt der Geschichte gibt es Mythen und Legenden, ja sogar Klatsch und Tratsch vom Hörensagen!

EIN WIRKLICH BEDRÜCKENDER BERUF!

SCHWEISS IN DER WÜSTE

Die Pyramiden des alten Ägyptens, grandiose Bauwerke, die als Grabmäler dienten, waren das Ergebnis der Arbeit von Tausenden von Sklaven. Jahrelang waren sie gezwungen, an den riesigen Bauwerken zu arbeiten und dabei ihr Leben zu riskieren!

ECHT JETZT?

FRAGE:

WURDEN DIE PYRAMIDEN IM ALTEN ÄGYPTEN VON SKLAVEN GEBAUT?

NEIN! Dieser Irrtum geht auf den antiken griechischen Historiografen Herodot zurück, der im 5. Jahrhundert v. Chr. schrieb, dass die Pyramiden von unterdrückten Arbeitern errichtet wurden. Ein Missverständnis, das sich über Hunderte von Jahren bis zu den Entdeckungen der Archäologen hielt. Im alten Ägypten wurden für dieses gewaltige Unterfangen qualifizierte Arbeiter beschäftigt, die in eigens dafür errichteten Dörfern in der Nähe der sich im Bau befindlichen Pyramide lebten.

WAS FÜR EINE LÄSTIGE KOPFBEDECKUNG!

“ VORSICHT VOR HÖRNERN!

Die furchterregenden Wikinger trugen vor jeder Schlacht oder jedem Überfall Helme mit spitzen Hörnern. Auf diese Weise wirkte ihr Aussehen noch bedrohlicher und versetzte diejenigen, die sie kommen sahen, in Angst und Schrecken.

FRAGE:

TRUGEN DIE KRIEGER DER WIKINGER HELME MIT HÖRNERN?

NEIN! Dieser Irrglaube geht auf die Darstellung der Wikinger im 19. Jahrhundert zurück. Als die Kostüme für die Oper „Der Ring des Nibelungen" des Komponisten Richard Wagner entworfen wurden, waren die Helme mit langen Hörnern versehen. Aus diesen Darstellungen ist dieser Irrglaube entstanden!

ECHTER HELM!

Eine **IKONOGRAFISCHE DARSTELLUNG** ist die Art und Weise, wie etwas abgebildet wird. In diesem Fall ist es ein Wikinger, der einen Helm mit Hörnern trägt. Aber Ikonografie entspricht nicht immer der Wahrheit!

REISE-GESCHICHTEN

ENTDECKEN ODER LANDEN?

Der italienische Seefahrer Christoph Kolumbus entdeckte den amerikanischen Kontinent, als er auf einer Expedition auf der Suche nach Asien eine Insel auf den heutigen Bahamas erreichte. In der Überzeugung, die Westindischen Inseln erreicht zu haben, war er in Wirklichkeit in einem unbekannten Land angekommen.

GLAUBST DU DAS?

FRAGE:

KANN MAN WIRKLICH SAGEN, DASS CHRISTOPH KOLUMBUS ALS ERSTER AMERIKA ENTDECKT HAT?

NEIN! Archäologische Funde haben gezeigt, dass bereits Jahrhunderte vor Kolumbus' Reise einige Bewohner des alten Skandinaviens Grönland und Kanada erreichten und dort sogar Dörfer bauten, in denen sie jahrelang lebten, um sie später wieder zu verlassen. Christoph Kolumbus war also nicht der erste Europäer, der den amerikanischen Kontinent betrat.

EINE SÜSSE UND KÖNIGLICHE LÜGE

EINE FRAGE DER ERNÄHRUNG

Ende des 18. Jahrhunderts kam es in Paris zu einer Reihe von Unruhen, weil die Bevölkerung vom Hunger geplagt war. Als die Königin von Frankreich, Marie Antoinette, davon erfuhr, sagte sie: „Wenn sie kein Brot haben, sollen sie Kuchen essen!"

HAT SIE DAS WIRKLICH GESAGT?

FRAGE:

HAT DIE KÖNIGIN MARIE ANTOINETTE DIESEN SATZ WIRKLICH GESAGT?

NEIN! Die Herrscherin hat diese Worte nie gesagt. In einem Buch schreibt der Philosoph Jean-Jacques Rousseau diesen Satz einer Prinzessin zu und berichtet von einer Episode, die er 1741 erlebte, ganze vierzehn Jahre vor der Geburt von Marie Antoinette! Die Feinde der Königin benutzten ihn, um sie zu verleumden.

VERLEUMDUNG zielt darauf ab, einen schlechten Ruf durch die Verbreitung von Nachrichten, ob wahr oder falsch, über eine oder mehrere Personen zu schaffen.

KLEINE GRÖSSE, GROSSE PERSÖNLICHKEIT

EIN FALSCHER GLAUBE?

DER KLEINE KAISER

Napoleon Bonaparte, der ehrgeizige französische Offizier, der Anfang des 19. Jahrhunderts durch seine Heldentaten zum Kaiser aufstieg, war von sehr kleiner Statur.

FRAGE:

WAR NAPOLEON BONAPARTE WIRKLICH SO KLEIN?

NEIN! Napoleon war 169 Zentimeter groß, eine für die damalige Zeit respektable Größe! Dieser Irrglaube rührt von dem Namen her, mit dem ihn seine Soldaten bezeichneten: „der kleine Feldwebel“.

PIRATEN ODER EICHHÖRNCHEN?

SCHATZINSELN

Während des goldenen Zeitalters der Piraterie im 17. und 18. Jahrhundert vergruben die Piraten die Beute ihrer Raubzüge, damit sie niemand stehlen konnte. Ihre Lieblingsplätze waren die meist unbewohnten karibischen Inseln.

ERNSTHAFT?

FRAGE:

VERGRUBEN DIE PIRATEN IHRE SCHÄTZE?

SO GUT WIE NIE!

Es gibt Berichte darüber, dass einige Piraten ihre Schätze vergraben haben, aber im Allgemeinen gaben die Piraten alles aus, was sie von den überfallenen Schiffen erbeuteten. Worauf ist dieser Glaube also zurückzuführen?
Auf einen sehr berühmten Roman von Robert Louis Stevenson aus dem Jahr 1883, „Die Schatzinsel".

LITERATUR ist nicht Geschichte!
Wie genau und gut dokumentiert ein Roman auch sein mag, er ist immer noch ein Ergebnis der Vorstellungskraft. Deshalb muss man immer sehr vorsichtig mit Begriffen sein und sie in Geschichtsbüchern nachschlagen!

ANALYSIEREN WIR DIE NACHRICHTEN

DER FLUCH DES TUTENCHAMUN

Am 5. April 1923 starb in Kairo der berühmte Lord Carnarvon, ein englischer Adliger mit einer Leidenschaft für Ägyptologie und der wichtigste Unterstützer der Expedition des Archäologen Howard Carter, der im Jahr zuvor das Grab des Pharaos Tutenchamun gefunden hatte. Der mysteriöse Tod des Mannes, der nach langer Krankheit eintrat, wirft einen düsteren Schatten auf das gesamte Expertenteam, das an der Ausgrabungskampagne teilnahm. Offenbar schwebt ein mysteriöser Fluch über dem Grab: Jeder, der den Schlaf des Pharaos stört, wird davon betroffen. Die meisten der Personen, die bei der Entdeckung des Sarkophags anwesend waren, starben in den folgenden Monaten.

WIRD DAS WOHL WAHR SEIN?

FRAGE:

IST MIT DER ÖFFNUNG DES PHARAONENGRABES WIRKLICH EIN FLUCH VERBUNDEN?

NEIN! Studien und Untersuchungen haben ergeben, dass die Teilnehmer der Expedition innerhalb von zwanzig Jahren nach der Entdeckung starben. Der Einzige, der kurz danach starb, Lord Carnarvon, war bereits seit einiger Zeit krank. Der Fluch war also eine von Zeitungsredaktionen kunstvoll inszenierte Falschmeldung.

ANALYSIEREN WIR DIE NACHRICHTEN

SUCHE IM TEXT AUF DEN VORHERGEHENDEN SEITEN NACH FOLGENDEN INFORMATIONEN:

GIBT ES GENAUE INFORMATIONEN ÜBER DIE KRANKHEIT, AN DER LORD CARNARVON STARB?

WIRD DER GESUNDHEITSZUSTAND DES ENGLISCHEN ADLIGEN ZUM ZEITPUNKT DES AUSBRUCHES DER KRANKHEIT BESCHRIEBEN?

SIND SPEZIFISCHE DATEN ÜBER DIE QUELLE DES SO GENANNTEN FLUCHES AUFGEFÜHRT?

WIE VIELE HAST DU GEFUNDEN?

MAN MUSS SICH VOR VAGEN NACHRICHTEN IN ACHT NEHMEN, DIE KEINE QUELLENANGABEN ENTHALTEN.

Unter **SENSATIONALISMUS** versteht man im Bereich des Journalismus die Art und Weise, in der eine Nachricht – oft von geringer Bedeutung – aufgeblasen wird, um die Leser zu beeindrucken und folglich die Verkaufszahlen der Zeitungen zu steigern.

7
8
9
14 + 4 =
17 + 1
E = MC²
7 + 2 =
8 + 1
F12 = F21
F = G m1 m2 / r²
+ > √
3

LÜGEN DER WISSENSCHAFT!

Hörst du oft von „wissenschaftlichen Wahrheiten"? Nun, auch in der Wissenschaft gibt es Klischees, Halbwahrheiten und regelrechte Fake News, die als Gewissheiten ausgegeben werden.

Lies hier weiter und lerne, wie man sie entlarven kann!

EIN NOBELPREISTRÄGER ...
MIT ESELSOHREN?

EINE SECHS IN VERHALTEN

Albert Einstein, der 1921 den Nobelpreis für Physik erhielt und für seine revolutionäre Relativitätstheorie berühmt wurde, war in seiner Schulzeit ein echter Esel! Er blieb sogar einmal sitzen und kämpfte um seinen Abschluss.

FRAGE:

WAR ALBERT EINSTEIN WIRKLICH EIN SCHLECHTER SCHÜLER?

NEIN! Der junge Einstein hatte ausgezeichnete Noten in Algebra, Mathematik und Physik. Er hatte jedoch einige Probleme mit der Schuldisziplin und der französischen Sprache, in der er sehr schlecht abschnitt. Nichts hinderte ihn daran, im Alter von 21 Jahren seinen Abschluss in Mathematik und Physik zu machen.

Ein **GERÜCHT** ist eine falsche, aber weit verbreitete Nachricht, die die meisten Menschen für wahr halten.

BLITZE … BRINGEN UNGLÜCK!

WISSENSCHAFT ODER MYTHOS?

“ VORSICHT VOR BLITZEN!

Wenn man das Pech hat, sich während eines heftigen Gewitters im Freien aufzuhalten und die Blitze mit ihren Entladungen drohen, versucht den Ort zu lokalisieren, an dem sie einschlagen: So könnt ihr euch genau an der Stelle in Sicherheit bringen, an der sie gerade eingeschlagen haben.

FRAGE:

SCHLÄGT DER BLITZ NIE ZWEIMAL AN DERSELBEN STELLE EIN?

NEIN! Blitze können mehrmals am selben Ort einschlagen, entweder während eines Gewitters oder bei verschiedenen Gelegenheiten im Laufe der Zeit. Diese Fehlinformation geht auf ein Sprichwort zurück, das besagt, dass „der Blitz nie zweimal einschlägt“. Die Bedeutung bezieht sich jedoch auf ein unglückliches Ereignis, das ein und dieselbe Person nicht zweimal treffen sollte.

WIRKLICH INSPIRIERTER SCHLAF!

EIN NICKERCHEN AN DER FRISCHEN LUFT

Isaac Newton, ein englischer Adliger und berühmter Physiker und Mathematiker, schlief unter einem Apfelbaum, als er von einer Frucht geweckt wurde, die von einem Ast fiel und auf seinem Kopf landete. Das unsanfte Erwachen veranlasste ihn, über die Kraft nachzudenken, die einen Gegenstand zum Beispiel zu Boden und nicht nach oben fallen lässt oder in eine horizontale Richtung. Seine Überlegungen führten so zur Theorie der Erdanziehungskraft.

STIMMT DAS?

FRAGE:

WURDE ISAAC NEWTON WIRKLICH VON EINEM APFEL GEWECKT, DER VON EINEM AST FIEL, WÄHREND ER IM GARTEN SCHLIEF?

NEIN! Sein Biograf William Stukeley schrieb auf, was Newton ihm selbst gesagt hatte. Die Überlegungen, die zur Entwicklung der Gravitationstheorie führten, entstanden aus der Beobachtung des Phänomens der fallenden Früchte der Bäume in seinem Garten. Die Anekdote, dass er unter einem Apfelbaum schlafend geweckt wurde, ist dagegen eine spätere Ausschmückung der Geschichte.

Was bedeutet es, eine Tatsache zu **ROMANHAFT AUSZUSCHMÜCKEN**? Ein Ereignis, das sich wirklich ereignet hat, mit erfundenen und fantastischen Details zu erzählen, um es einzigartig zu machen.

WETTERALARM: ES SCHNEIT ZWEIFEL!

GLOBALE ERWÄRMUNG? ABER ES SCHNEIT!

Der Winter hält Einzug mit Polarwinden von 200 Stundenkilometern und Temperaturen von bis zu 40 Grad unter Null in den zentralen Zonen der Vereinigten Staaten. Viele fragen sich, wie wir angesichts solcher „eisigen" Phänomene Alarmismus bezüglich der globalen Erwärmung betreiben können!

FRAGE:

GIBT ES BEI SO KALTEN WINTERN WIRKLICH EINE GLOBALE ERWÄRMUNG?

JA! Achte auf eine klare Unterscheidung zwischen Klima und Wetter. Besonders frostige Tage mit extremen Wetterphänomenen sind als Ereignisse zu betrachten, die sich auf begrenzte Zeiträume konzentrieren. Die klimatischen Bedingungen des Planeten hingegen werden auf der Grundlage von Messungen - z. B. der Durchschnittstemperatur - im Vergleich über Dutzende von Jahren untersucht. Daraus lässt sich die Realität der globalen Erwärmung ableiten.

ANALYSIEREN WIR DIE NACHRICHTEN

“ ES REGNET HAIE!

Die Gefahr kommt vom Himmel: Nach einem starken Taifun an der Küste wurde ein Hai lebend im Garten eines Hauses gefunden. Offenbar hat das extreme Wetterereignis das Exemplar aus dem Ozean gesaugt und an Land geschleudert.

GLAUBST DU, DASS DAS WIRKLICH PASSIERT IST?

SUCHE IM TEXT NACH DEN FOLGENDEN INFORMATIONEN:

WO BEFINDET SICH DIE BETREFFENDE KÜSTE?

GIBT ES DATEN ÜBER DEN TAG, DEN MONAT UND DAS JAHR, AN DEM DAS EREIGNIS STATTGEFUNDEN HAT?

GIBT ES IRGENDWELCHE BESCHREIBUNGEN DES HAIES BEZÜGLICH SEINER ART, SEINES GEWICHTS ODER SEINER LÄNGE?

ANALYSIEREN WIR DIE NACHRICHTEN

WIE DU VIELLEICHT BEMERKT HAST, ENTHÄLT DER ARTIKEL AUF DEN VORANGEGANGENEN SEITEN KEINE PRÄZISEN ODER ÜBERPRÜFBAREN INFORMATIONEN.

FRAGE:

KANN EIN WIRBELSTURM EINEN HAI AUFSAUGEN UND IHN, NOCH LEBEND, AN LAND SCHLEUDERN?

NEIN! Es ist nicht auszuschließen, dass ein extremes Wetterereignis Tiere auch über Kilometer hinweg transportieren kann, aber für einen Hai ist es schwierig, eine solche Erfahrung zu überleben.

Hast du das im Kino gesehen? Überprüfe besser, ob die Fakten, die einem oder mehreren Filmen zugrunde liegen, wahr sind oder ... nicht ganz!

WELTRAUMLÜGEN

Es gibt Hunderte von Fragen im Zusammenhang mit dem Weltraum, der unseren Planeten umgibt. Aber es gibt eine gewisse wissenschaftliche Gewissheit, auch wenn die Forschung weitergeht und regelmäßig neue Entdeckungen gemacht werden. Doch auch zu diesem Thema gibt es viele Fake News, die vor allem im Internet verbreitet werden.

Lügenjäger, der Countdown beginnt ...

WIRKLICH TOLLE DENKMÄLER!

WIRKLICH?

ACHTUNG, DIE MAUER!

Die berühmte Chinesische Mauer, die ab 215 v. Chr. zur Verteidigung des Reiches gegen Invasionen errichtet wurde, ist das einzige von Menschenhand geschaffene Bauwerk, das vom Mond aus zu sehen ist!

FRAGE:

KÖNNEN ASTRONAUTEN DIE CHINESISCHE MAUER MIT BLOSSEM AUGE SEHEN, AUCH WENN SIE SICH AUF DEM MOND BEFINDEN?

NEIN! Obwohl die Mauer über sechstausend Kilometer lang ist, ist sie nur etwa zehn Meter breit. Deshalb kann das menschliche Auge sie nicht sehen, wenn es sich hundert Kilometer hoch über der Erdoberfläche befindet.

UND WENN DIE ERDE FLACH WÄRE?

“ FALSCHE WAHRNEHMUNGEN

Unser Planet hat eine runde Form und ist an den Polen leicht abgeflacht. Aber warum sieht der Horizont dann wie eine gerade Linie aus, wenn wir auf ihn schauen? Manche glauben, dass dies der Beweis für die wahre Form der Erde ist: Sie sei flach!

ABER ECHT JETZT?

FRAGE:

IST DIE ERDE FLACH?

NEIN! Seit Tausenden von Jahren, als es noch keine moderne Technologie gab, ist bekannt, dass die Erde rund ist. Seit Mitte des zwanzigsten Jahrhunderts gibt es zahlreiche fotografische Beweise, die die wahre Form unseres Planeten zeigen.

Was ist eine **VERSCHWÖRUNGSTHEORIE**? Die Überzeugung, dass eine falsche Notiz als wahr verbreitet wurde, um Menschen zu täuschen. Die Tatsache, dass die Erde rund ist, wird von denjenigen, die fälschlicherweise überzeugt sind, dass sie flach ist, als Verschwörungstheorie betrachtet.

KUNST VON EINEM ANDEREN PLANETEN

KREATIVE AUSSERIRDISCHE

In einem Weizenfeld wurden konzentrisch geformte Muster entdeckt, die durch das Zerdrücken von Weizenähren auf dem Boden entstanden sind. Es sieht fast so aus, als wäre ein riesiges Raumschiff dort gelandet und hätte diese Spuren hinterlassen. Könnte es sich um das Werk von Außerirdischen handeln?

FRAGE:

SIND DIE KREISE IN DEN WEIZENFELDERN EIN BEWEIS FÜR DIE EXISTENZ VON AUSSERIRDISCHEN LEBENSFORMEN?

NEIN! Wenn ein Bild von einem neuen Muster in einem Weizenfeld kursiert, ist es sicher, dass es von Menschenhand gemacht ist! Das ist nur ein Scherz.

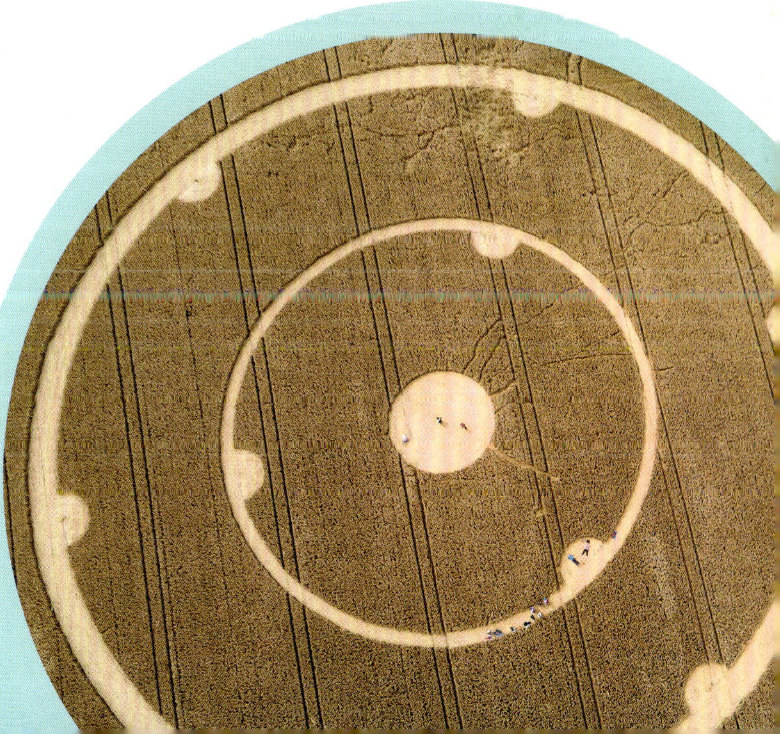

ANALYSIEREN WIR DIE NACHRICHTEN

“ EIN HISTORISCHES EREIGNIS ... DAS NOCH GEPRÜFT WERDEN MUSS!

Was wäre, wenn die Mondlandung nur ein Film gewesen wäre? Vielleicht wurden die Videoaufnahmen vom ersten Schritt des Menschen auf dem Satelliten der Erde in einem amerikanischen Filmstudio gedreht, um die Menschen davon zu überzeugen, dass die US-Raumfahrtbehörde eine große Leistung vollbracht hat.

FRAGE:

IST DER ERSTE MENSCH AM 20. JULI 1969 AUF DEM MOND GELANDET?

JA! Das Ereignis hat wirklich stattgefunden, auch wenn manche glauben, es sei nur ein Film. Eine der Verschwörungstheorien im Zusammenhang mit der ersten Mondlandung basiert auf der Annahme, dass die Technologie der 1960er Jahre nicht fortschrittlich genug war, um es einer Astronautencrew zu ermöglichen, den ganzen Weg zum Mond und dann zurück zur Erde zu schaffen. Stattdessen gelang dies der NASA nicht nur, sondern es wurden auch unwiderlegbare Beweise (die nicht falsch sein können!) für die Mission vorgelegt. Nicht nur Fotos und Filme, sondern auch Proben, die auf dem Mondboden genommen wurden, ganz zu schweigen von den Zeugenaussagen der Astronauten selbst.

ANALYSIEREN WIR DIE NACHRICHTEN

Ein Mythbuster muss nicht nur **LÜGEN ENTTARNEN,** sondern auch versuchen, **WAHRHEITEN ZU BEWEISEN,** insbesondere wenn diese infrage gestellt werden.

Das ist keineswegs einfach: Wenn man glaubt, dass eine Tatsache, die sich tatsächlich ereignet hat, in Wirklichkeit eine Fiktion ist, werden einem viele Daten und Theorien angeboten, die vollkommen plausibel (d.h. sehr überzeugend!) erscheinen.

LÜGENFINDER-KIT

NOTIZBUCH UND STIFT,
LUPE UND GROSSE NEUGIER:
ES IST AN DER ZEIT, DICH ALS MYTHBUSTER
ZU TESTEN! SPIELE UND QUIZ,
UM DICH ZU TRAINIEREN UND DEIN **DIPLOM**
ALS ECHTER MYTHBUSTER
ZU ERHALTEN.

DIE MYTHBUSTER-VERHALTENSREGELN!

BEFOLGE DIESE WENIGEN, ABER WICHTIGEN REGELN UND DU WIRST DICH GEGEN DIE IM NETZ KURSIERENDEN FALSCHNACHRICHTEN WEHREN KÖNNEN!

1. **TEILE NUR NACHRICHTEN, DIE DU ÜBERPRÜFT HAST.**

2. **NUTZE INTERNET-TOOLS, UM DIE NACHRICHTEN ZU ÜBERPRÜFEN.**

3. **LASS DIR VON EINER ERFAHRENEN PERSON ODER EINER WIRKLICH KOMPETENTEN STELLE HELFEN.**

4. **FRAGE NACH QUELLEN UND BEWEISEN.**

5

AUCH INTERNET UND DIE SOZIALEN NETZWERKE SIND MANIPULIERBAR.

6

LERNE, DIE VERSCHIEDENEN TYPOLOGIEN UND FORMEN VON FAKE NEWS ZU ERKENNEN.

7

GEHE MIT GUTEM BEISPIEL VORAN: BESCHWERE DICH NICHT ÜBER DIE DUNKELHEIT, SONDERN SCHALTE DAS LICHT EIN.

8

DU VERFÜGST ÜBER GROSSE MACHT: NUTZE SIE GUT.

ZEHN REGELN ... MIT NUR ACHT PUNKTEN?

Nein, wir müssen sie vervollständigen, aber an dieser Stelle kommst du ins Spiel: Schlage die letzten beiden Punkte vor, basierend auf deiner Erfahrung oder deinem Gespür für Mythen, das du dank dieses Handbuchs entwickelt hast!

9

____

____

____

____

10

____

____

____

____

DURCHSUCHE DIE NACHRICHTEN!

“ NICHT NUR WÖLFE HEULEN DEN MOND AN

Große Aufregung vor Sonnenaufgang am vergangenen Freitag auf dem Hauptplatz der Stadt: Eine große Anzahl von Katzen versammelte sich miauend in der Nähe des Reiterstandbildes. Anwohner, die von den Schreien der Katzen geweckt wurden, beobachteten das seltsame Phänomen im Licht des Vollmondes. Vielleicht war das die Ursache für das wilde Miauen? Oder war es der freitägliche Fischmarkt, den die Straßenverkäufer vorbereiteten?

WAS FUNKTIONIERT IN DIESEM ARTIKEL NICHT?

UNTERSTREICHE ODER MARKIERE IM TEXT DIE UNKLAREN STELLEN UND SCHREIBE DANN UNTEN AUF, WAS IN DEM ARTIKEL NICHT RICHTIG FUNKTIONIERT.

PRÜFE DEINE ANTWORTEN AUF SEITE 94!

ERKENNE DEN ANACHRONISMUS!

WILLST DU WISSEN, UM WAS ES SICH HANDELT?

Ein chronologischer Fehler: Das bedeutet Anachronismus. Ein Mann aus dem Mittelalter, der Kartoffeln isst, ist beispielsweise ein Anachronismus: Dieses Nahrungsmittel kam erst Mitte des 16. Jahrhunderts nach Europa.

PRÜFE DIE ZEICHNUNG UND MARKIERE ALLE DETAILS, DIE ZUR DARGESTELLTEN SITUATION NICHT PASSEN.

PRÜFE DEINE ANTWORTEN AUF SEITE 94!

ÜBERPRÜFE IMMER DIE QUELLEN!

“ DIE BERÜHMTE LÜGELEI VON FLUNKERN

Die Adelige Lügelei von Flunkern[1] wurde 1722 in Wien als drittes Kind des Markgrafen Wolfgang von Flunkern (1650-1719)[2] geboren. Schon früh zeigte die Marquise großes musikalisches Talent: Im Alter von fünf Jahren konnte sie bereits perfekt Cembalo, Violine und Querflöte spielen. Ihr Ruhm führte sie sogar zu Auftritten an den Höfen der damaligen Zeit: In Anwesenheit der Kaiserin Maria Theresia von Österreich (1717-1780)[3] wurde sie für ihre Talente gefeiert, und ihr zu Ehren wurde ein großer Empfang in Versailles organisiert.

1 www.sonderbares_jahrbuch.net

2 Das Große Buch der Adligen Perückenträger Europas

3 Encyclopaedia Britannica

WAS DU GERADE GELESEN HAST, IST DIE BIOGRAFIE EINER ERFUNDENEN PERSON, ABER DIE QUELLEN SIND IN DEN ANMERKUNGEN ANGEGEBEN.

WELCHE SIND ZUVERLÄSSIG UND WELCHE SCHEINEN ÜBERHAUPT NICHT ZUVERLÄSSIG ZU SEIN?

LIES DEN TEXT UND DIE QUELLEN AUFMERKSAM UND BEANTWORTE DANN DIE FRAGE!

PRÜFE DEINE ANTWORTEN AUF SEITE 94!

DEFINITIV FALSCH! ABER WARUM?

SCHAU DIR DAS FOTO AN UND SCHREIBE DIE GRÜNDE AUF, WARUM ES EINE OFFENSICHTLICHE FOTOMONTAGE IST!

EIN HINWEIS: BEACHTE DIE BILDSCHÄRFE ALLER TEILE DES FOTOS.

PRÜFE DEINE ANTWORTEN AUF SEITE 94!

UND JETZT ...
... EINE LÜGEN-COLLAGE!

VERWENDE DIESE SEITEN, UM EINE FOTOMONTAGE ZU ERSTELLEN, INDEM DU AUSGESCHNITTENE BILDER AUS ZEITUNGEN UND ZEITSCHRIFTEN EINFÜGST. EIN ECHTER FAKE-NEWS-JÄGER KANN AUCH SPASS DABEI HABEN, WENN ER IMMER WEISS, WIE ER DIE WAHRHEIT BEWEISEN KANN!

KENNE DEINEN FEIND ...

“

VIEL SPASS BEIM ERFINDEN VON LÜGENGESCHICHTEN! NUTZE DIE TRICKS, DIE DU GELERNT HAST, UM FAKE NEWS ZU ENTLARVEN, UND SCHREIBE EINEN ARTIKEL, DER FAST WAHR ZU SEIN SCHEINT, ES ABER GAR NICHT IST!

DIE FEUERPROBE

TESTE DICH SELBST MIT DEM NACHRICHTENQUIZ: RICHTIG ODER FALSCH? FÜR JEDE RICHTIGE ANTWORT ERHÄLTST DU 1 PUNKT.

1 ▪ Die Quelle einer Nachricht ist der Ort, an dem sie zuerst erstellt und verbreitet wurde.

- [ ] **RICHTIG**
- [ ] **FALSCH**

2 ▪ Eine Fotomontage ist eine Collage aus mehreren Fotos.

- [ ] **RICHTIG**
- [ ] **FALSCH**

3 ▪ Mythen sind Geschichten, die auf Fantasie beruhen.

- [ ] **RICHTIG**
- [ ] **FALSCH**

4 ▪ Ein Hai kann von einem Tornado in die Luft gehoben werden und überleben.

- [ ] **RICHTIG**
- [ ] **FALSCH**

5 ▪ Krokodile empfinden keine Reue für die Beute, die sie jagen, deshalb weinen sie auch nicht beim Fressen.

☐ **RICHTIG**
☐ **FALSCH**

6 ▪ Der erste Astronaut, der auf dem Mond landete, befand sich eigentlich in einem Filmstudio.

☐ **RICHTIG**
☐ **FALSCH**

7 ▪ Königin Marie Antoinette lieferte Kisten mit Kuchen an ihre hungernden Untertanen.

☐ **RICHTIG**
☐ **FALSCH**

8 ▪ Es gibt keine globale Erwärmung, denn im Winter ist es immer kalt.

☐ **RICHTIG**
☐ **FALSCH**

9 ▪ Eine Maus hat die Macht, einen Elefanten zu erschrecken.

☐ **RICHTIG**
☐ **FALSCH**

10 ▪ Strauße sind Vögel, die ihre Köpfe aus Angst in den Boden stecken.

☐ **RICHTIG**
☐ **FALSCH**

RECHNEN WIR MAL NACH

Ein Punkt für jede richtige Antwort: Nachdem du deine Punktzahl durch den Vergleich deiner Antworten mit den Lösungen berechnet hast, erfährst du deinen Lügenjäger-Level.

LÜGENJÄGER-LEVEL

SUPER-LÜGENJÄGER

8 BIS 10 RICHTIGE ANTWORTEN

Das Abenteuer beginnt! Rucksack bereit, um dich auf die Suche nach Fake News und Gerüchten zu den unterschiedlichsten Themen zu machen. Mach weiter so und verliere nie dein kritisches Denken!

LÖSUNGEN

1 R **2** R **3** R **4** F **5** R

6 F **7** F **8** F **9** F **10** F

PROFI-LÜGENJÄGER

4 BIS 7 RICHTIGE ANTWORTEN

Einige Unsicherheiten, aber der Stoff der Mythbusters ist klar! Zünde deine Fackeln an und schnappe dir dein Notizbuch, dein Training geht weiter!

JUNIOR-LÜGENJÄGER

1 BIS 3 RICHTIGE ANTWORTEN

Du hast Fehler gemacht, aber es macht Spaß, die Neuigkeiten auf einen Blick zu erkennen! Lies noch einmal ein paar Seiten des Buches, spiele ein paar Spiele und versuche es noch einmal!

ANTWORTEN

S. 78-79
DURCHSUCHE DIE NACHRICHTEN!

Der Artikel enthält keine sicheren Informationen: weder den Ort, an dem das Ereignis stattfand, noch das Datum oder die Aussagen der Zeugen des Ereignisses.

S. 80-81
ERKENNE DEN ANACHRONISMUS!

Die nicht „zeitgemäßen“ Gegenstände sind:

S. 82-83
ÜBERPRÜFE IMMER DIE QUELLEN!

Die einzige zuverlässige Quelle ist die Encyclopaedia Britannica. Die beiden anderen Quellen existieren nicht, und selbst wenn sie existieren würden, könnten wir sie nicht als zuverlässig einstufen, da sie die Namen erfundener Personen (Lügelei von Flunkern und ihr Vater, der Marquis Wolfgang von Flunkern) nennen, während Kaiserin Maria Theresia von Österreich eine reale Person ist und Informationen über ihr Leben in der Encyclopaedia Britannica zu finden sind. Dem aufmerksamen Leser wird aufgefallen sein, dass selbst die Daten der beiden Quellen nicht stimmen können, da Lügelei nicht drei Jahre nach dem Tod ihres Vaters geboren worden sein kann.

S. 84-85
DEFINITIV FALSCH! ABER WARUM?

Die Frau auf dem Fahrrad ist viel deutlicher zu erkennen als das Raumschiff im Hintergrund. Sogar der Rauch, der aus dem Flugzeug aufsteigt, ist unscharf: Das liegt daran, dass das Raumschiff und der Rauch digital erstellt und in ein anderes Bild „eingefügt" wurden.

SILVIA MAURI

Silvia Mauri wurde 1984 in der Provinz Como geboren und absolvierte ihr Studium der Malerei an der Akademie der Schönen Künste in Florenz und der Illustration am IED in Mailand. Seit 2010 ist sie als freiberufliche Illustratorin tätig. Ihre Projekte reichen von Eigenproduktionen bis zur Zusammenarbeit mit Verlagen, Zeitschriften und unabhängigen Veröffentlichungen, Festivals, Brands und kulturellen und institutionellen Vereinigungen.

ALTEA VILLA

Nach dem Studium und der Promotion in Moderner Geschichte widmete sie sich der Kinderliteratur und wurde Autorin von Verlagsprojekten mit besonderem Schwerpunkt auf der Popularisierung.

FOTONACHWEISE

Alle Bilder sind von Shutterstock, außer den folgenden:
Getty Images S. 4 unten rechts, 38, 40, 50, 54, 58, 69, 70, 71, 72, 73, 82;
Alamy S. 42-43.

GRAFISCHES LAYOUT
VALENTINA FIGUS

Deutsche Ausgabe veröffentlicht von: © 2024 White Star S.r.l., Italien,
Lizenznehmer von: National Geographic Partners, LLC.

Übersetzung: Massimo Miato
Lektorat: Brigitta Kook

ISBN 978-88-6312-666-2
1 2 3 4 5 6   28 27 26 25 24

Gedruckt in China

FSC www.fsc.org
MIX
Papier aus verantwortungsvollen Quellen
FSC® C178000